Automatisiere dein Einkommen mit KI

Richte Autopilot-Systeme ein, die mit intelligenten KI-Workflows rund um die Uhr Geld verdienen

Von Joe Correa

Veröffentlicht von Live Stronger Faster

Dieses Buch dient ausschließlich Bildungs- und Informationszwecken. Der Autor und der Verlag erbringen keine Rechts-, Finanz- oder sonstigen professionellen Beratungsleistungen. Leser sollten vor finanziellen Entscheidungen einen qualifizierten Fachmann konsultieren.

Erste Auflage

Inhaltsverzeichnis

Einleitung

Der Aufstieg von KI-Einkommenssystemen – Eine neue Ära des Vermögensaufbaus

Ein radikaler Wandel: Vom Hustle zur Automatisierung

Stell dir Folgendes vor: Du wachst um 7 Uhr morgens auf und greifst nach deinem Handy. Über Nacht, während du geschlafen hast, hast du 263,42 $ aus drei verschiedenen Quellen verdient:

Ein digitales Produkt wurde über einen Funnel verkauft, der auf Autopilot läuft.
Eine Affiliate-Provision kam durch eine von KI geschriebene E-Mail herein.
Ein gesichtsloses Video brachte Traffic und führte jemanden zu einem Abonnement.

Das ist keine Fiktion. Kein Hype. Es ist die Realität ganz normaler Menschen, die aufgehört haben, härter zu arbeiten, und stattdessen begonnen haben, intelligenter zu arbeiten – indem sie mit KI-Automatisierung Einkommenssysteme aufgebaut haben.

Die Frage lautet nicht mehr: „Ist das möglich?"
Die Frage ist: Wirst du zu den Menschen gehören, die es jetzt umsetzen – bevor der Markt gesättigt ist?

Wir stehen am Anfang von etwas Großem.

Warum du das jetzt lernen solltest

Künstliche Intelligenz schreibt die Regeln für Business, Content-Erstellung, Marketing und sogar Kundenservice neu. Jeden Tag erkennen mehr Menschen, dass KI:

Artikel schreiben kann
Videos erstellen kann
Landingpages bauen kann
Follow-up-E-Mails versenden kann
Leads qualifizieren kann
Support-Anfragen beantworten kann
Performance tracken und Kampagnen optimieren kann

Früher hättest du dafür ein Team, ein Budget und Monate Entwicklungszeit gebraucht.
Heute brauchst du nur einen smarten Workflow, die richtigen KI-Tools – und dieses Buch als Leitfaden.

Egal, ob du angehender Unternehmer, Content Creator, Kursanbieter oder Freelancer bist – du hast jetzt Zugriff auf

Superkräfte, die früher nur Großkonzernen vorbehalten waren.

Und im Gegensatz zu vielen Trends ist dieser hier dauerhaft.

Die KI-Revolution hat das Spielfeld geebnet

KI interessiert sich nicht dafür, ob:

Du noch nie ein Unternehmen geführt hast.
Du keine Design- oder Programmierkenntnisse hast.
Deutsch oder Englisch nicht deine Muttersprache ist.
Du nur zwei Stunden am Tag Zeit hast.

Viele der erfolgreichsten KI-Unternehmer erfüllen sogar mehrere dieser Punkte. Warum?
Weil KI niemanden diskriminiert. Sie funktioniert für jeden, der weiß, wie man sie nutzt.

Du bist nicht länger darauf begrenzt, wie viel Zeit du gegen Geld tauschen kannst.

Jetzt geht es darum:
Wie viele Systeme kannst du aufbauen, die ohne dich laufen?

Du musst deinen Job nicht kündigen oder große Risiken eingehen. Du brauchst nur einen klaren Plan, um automatisierte Einkommensströme aufzubauen – einen nach dem anderen – bis deine Zeit wirklich dir gehört.

Was du in diesem Buch lernen wirst

Dieses Buch bringt dich von der Idee zur Umsetzung – ohne leere Versprechen, ohne Fachchinesisch und ohne Zeitverschwendung.

Jedes Kapitel besteht aus zwei Teilen:

Praxis-Blueprint – eine Schritt-für-Schritt-Anleitung, was zu tun ist, welche Tools du nutzt und wie du alles einrichtest.
Praxisnahe Geschichte – ein kraftvolles Beispiel einer Person (teilweise fiktiv, teilweise inspiriert von echten KI-Unternehmern), die genau diese Schritte genutzt hat, um reales Einkommen aufzubauen.

Du lernst, wie du:

Die richtige Art von digitalem Produkt oder Einkommensquelle auswählst
Einfache KI-Workflows erstellst, um Erstellung, Promotion und Lieferung zu automatisieren
Verkaufsfunnels, E-Mail-Sequenzen und Kundenservice-Bots einrichtest
Deine Systeme mit kostenlosen oder kostengünstigen Tools

analysierst und optimierst
Dein automatisiertes Einkommen skalierst, ohne auszubrennen

Am Ende hast du einen klaren Fahrplan für dein eigenes KI-gestütztes Autopilot-Business – selbst wenn du bei null startest.

Das Einkommens-Automatisierungs-Schwungrad

Ein zentrales Prinzip dieses Buches ist das KI-Einkommens-Schwungrad:

Erstelle oder lizenziere ein digitales Produkt (E-Book, Kurs, Vorlage, Tool)
Nutze KI, um die Promotion zu automatisieren (Social Media, Anzeigen, SEO, E-Mails)
Automatisiere Verkauf und Auslieferung
Analysiere Ergebnisse und lasse KI Verbesserungen vorschlagen
Dupliziere das System in einer neuen Nische oder mit einem neuen Angebot

So entsteht ein Kreislauf, der sich über Zeit verstärkt.

Ein Produkt bringt vielleicht 5 $ pro Tag.
Ein anderes 30 $ pro Tag.

Irgendwann besitzt du ein Portfolio von Einkommenssystemen, die 24/7 laufen – ohne dich.

Deine KI-Einkommensreise beginnt hier

Du musst kein KI-Experte werden.
Du brauchst kein Team.
Du brauchst nur die Bereitschaft, Anleitungen zu befolgen, zu testen, was funktioniert, und einmal aufzubauen – damit du immer wieder bezahlt wirst.

Dieses Buch ist deine Landkarte.
KI ist dein Motor.
Die Ergebnisse hängen von dir ab.

Egal, ob dein Ziel ist:

Deinem 9–5-Job zu entkommen
Mehr Zeit mit deiner Familie zu verbringen
Die Welt zu bereisen
Oder einfach genug zu verdienen, um nachts ruhig schlafen zu können

Eines ist sicher:
Du hältst hier den Blueprint in den Händen, um es zu erreichen.

Lass uns beginnen.

Kapitel 1: Automatisierbare Einkommensquellen identifizieren

Warum du mit der richtigen Einkommensquelle starten musst

Bevor du beginnst, KI-Workflows aufzubauen, Anzeigen zu automatisieren oder passive Funnels einzurichten, gibt es eine entscheidende Entscheidung, die über Erfolg oder Misserfolg bestimmt: die Wahl der richtigen Einkommensquelle. Nicht jedes Geschäftsmodell eignet sich gleichermaßen für Automatisierung. Du solltest Systeme rund um Angebote aufbauen, die keine laufende physische Erfüllung oder Lagerhaltung benötigen, digital ausgeliefert werden können, kein Team zum Skalieren erfordern, global und rund um die Uhr funktionieren und über die Zeit hinweg wiederholbaren oder sich verstärkenden Wert erzeugen. KI ist am wirkungsvollsten, wenn sie digitale Produkte und Dienstleistungen antreibt, die mit minimalem menschlichem Eingriff erstellt, beworben und ausgeliefert werden können. Werfen wir also einen Blick auf die besten Kategorien, aus denen du wählen kannst.

Zu den Einkommensquellen mit hoher Hebelwirkung für Automatisierung gehören in erster Linie digitale Produkte wie

E-Books, Vorlagen, Leitfäden, Kurse, Masterclasses, Videolektionen, Checklisten, Planer, Tabellen oder komplette Toolkits und Bundles. Sie funktionieren deshalb so gut, weil sie einmal erstellt und dauerhaft verkauft werden können. KI kann Inhalte generieren, formatieren, gestalten und sogar veröffentlichen. Eine weitere starke Kategorie ist Affiliate-Marketing, bei dem du Tools, Plattformen oder Software bewirbst und Provisionen verdienst. In Kombination mit KI-erstellten Artikeln, Videos und E-Mails kann die Promotion nahezu vollständig automatisiert werden, während du an den Angeboten anderer mitverdienst. Auch Print-on-Demand und Merch eignen sich hervorragend: T-Shirts, Tassen, Journale oder Poster können mit KI-generierten Designs erstellt und über Plattformen wie Redbubble, Merch by Amazon oder Printful verkauft werden – ganz ohne Lagerbestand. Ebenso bieten gesichtslose YouTube-Kanäle und Shorts großes Potenzial, da KI Skripte schreibt, Voiceovers erstellt und Videos schneidet, während die Monetarisierung über Werbung, Affiliate-Links oder digitale Produkte erfolgt. Schließlich gibt es noch Freelance- und KI-Hybrid-Dienstleistungen, bei denen KI den Großteil der Arbeit übernimmt – etwa beim Schreiben von Blogartikeln, Erstellen von Designs oder Anzeigen – während du Kunden betreust und Ergebnisse lieferst. Hier kannst du manuell starten und schrittweise automatisieren.

Um die richtige Einkommensquelle auszuwählen, solltest du dir einige wichtige Fragen stellen: Kaufen Menschen dieses Angebot bereits online? Kann es vollständig digital geliefert oder ohne Lagerbestand erfüllt werden? Lässt es sich innerhalb von 30 Tagen oder weniger mit KI-Tools aufbauen und automatisieren? Und ist es realistisch, damit langfristig 10 bis 100 Dollar pro Tag zu verdienen? Wichtig ist, dass du mit einer einzigen Einkommensquelle beginnst. Versuche nicht, fünf Geschäftsmodelle gleichzeitig zu automatisieren. Baue zunächst ein solides Fundament und erweitere erst dann, wenn dein erstes System eigenständig läuft.

Ein bewährtes Anfänger-Setup könnte so aussehen: Du erstellst ein kurzes E-Book oder Workbook mit ChatGPT, gestaltest es mit Canva und einem KI-Cover-Generator, verkaufst es über Plattformen wie Gumroad, Payhip oder Etsy und generierst Traffic durch KI-erstellte Pinterest-Posts, Instagram Reels oder YouTube Shorts. Ein einfacher Funnel mit E-Mail-Opt-in, Nurturing-Sequenz und anschließendem Produktverkauf rundet das System ab. Mit dieser Struktur kannst du in weniger als zehn Tagen von der Idee zum ersten Einkommen gelangen – und das System läuft anschließend ohne täglichen Aufwand weiter.

Der entscheidende Perspektivwechsel besteht darin zu verstehen, dass du Systeme aufbaust und keine Jobs erschaffst. Die meisten Menschen fragen sich: „Was kann ich tun, um Geld zu verdienen?" KI-Unternehmer hingegen denken: „Was kann ich einmal aufsetzen, das mich immer wieder bezahlt?" Jede automatisierte Einkommensquelle wird zu einem digitalen Asset, das für dich arbeitet, zu einem Schneeball, der mit steigendem Traffic wächst, und zu einem testbaren Modell, das sich mit der Zeit optimieren lässt. Nutze KI nicht nur, um Zeit zu sparen, sondern um dich aus möglichst vielen Prozessschritten vollständig herauszunehmen. So erreichst du echte Zeitfreiheit.

Die Checkliste ist klar: Wähle ein Modell mit digitaler Wertschöpfung, stelle sicher, dass echte Nachfrage vorhanden ist, nutze KI für Erstellung, Promotion und Auslieferung, setze dir ein Ziel von 10 bis 100 Dollar pro Tag aus einer Quelle, bevor du expandierst, und baue wiederholbare Systeme statt einmaliger Aktionen.

Marcus' Geschichte zeigt, wie das in der Praxis aussehen kann. Er wischte die Flure eines Bürogebäudes, als er ein Gespräch hörte, das sein Leben verändern sollte. Zwei Tech-Mitarbeiter sprachen darüber, wie jemand 8.000 Dollar im Monat mit einer Notion-Vorlage verdiente – komplett automatisiert, erstellt mit KI. Marcus wusste nicht einmal, was Notion oder Gumroad waren, aber er wusste, dass er aus seinem alten Leben ausbrechen wollte. Mit 39 war er intelligent, fleißig und erschöpft von Jobs, die alles forderten und kaum Sicherheit boten. Noch in derselben Nacht begann er zu recherchieren. Die Möglichkeit, ein digitales Produkt zu erstellen und automatisiert zu verkaufen, ließ ihn nicht mehr los.

Er stellte sich eine einfache Frage: Was kann ich verkaufen, ohne mit Kunden sprechen zu müssen, ohne Pakete zu verschicken und ohne festen Zeitplan? Die Antwort lautete: digitale Produkte. Mit ChatGPT erstellte er einen 30-Tage-Bodyweight-Trainingsplan, eine tägliche Checkliste, gestaltete ein PDF in Canva und generierte ein Cover mithilfe eines KI-Bildprompts. Er lud alles auf Gumroad hoch und setzte den Preis auf 9 Dollar. In der ersten Woche passierte nichts. Dann vibrierte eines Abends sein Handy: 9 Dollar Verkauf. Es war nicht die Summe, die ihn begeisterte, sondern der Beweis, dass sein System funktionierte.

Er baute weiter: einen zweiten Trainingsplan, ein Bundle-Angebot, einen automatisierten E-Mail-Funnel mit ChatGPT und einen Instagram-Account mit KI-generierten Beiträgen. Innerhalb von 30 Tagen verdiente er 379 Dollar, im nächsten Monat 612, danach 1.221. Er begann, systematisch zu denken: Nischenwahl, Produktidee, KI-Content, KI-Design, Listing, Automatisierung, Promotion und Optimierung. Nach sechs Monaten liefen sieben Produkte in drei Nischen. Er wurde nicht über Nacht Millionär, aber er erreichte 3.000 Dollar im Monat – größtenteils automatisiert.

Ein Jahr später saß Marcus in Lissabon, trank Kaffee mit Blick auf den Ozean und überprüfte seine Umsätze: 126 Dollar über Nacht auf Gumroad, 41 Dollar Affiliate-Einnahmen, 18 Dollar aus einem Print-on-Demand-Journal. Er öffnete seinen Laptop nicht, um zu arbeiten, sondern um sein nächstes System zu entwickeln. Seine Geschichte ist nicht nur inspirierend, sondern lehrreich. Er hatte keinen Abschluss, keine Kontakte und keine besondere Ausgangsposition. Er wählte die richtige automatisierbare Einkommensquelle, nutzte kostenlose KI-Tools und baute Schritt für Schritt digitale Assets auf – und vor allem brachte er zu Ende, was er begann. Genau das kannst du auch.

Kapitel 2: Aufbau deines KI-Tech-Stacks (ganz ohne Programmierkenntnisse)

Warum dein KI-Tech-Stack das Fundament für passives Einkommen ist

Du kannst keinen automatisierten Einkommensstrom mit Improvisation und Hoffnung aufbauen. Wenn du erfolgreich sein willst, brauchst du einen soliden Tech-Stack – eine Kombination aus zuverlässigen, kostengünstigen, no-code KI-Tools, die wie deine digitalen Mitarbeiter zusammenarbeiten. Diese Tools helfen dir dabei, Inhalte schneller denn je zu erstellen, Produkte auf Autopilot zu vermarkten, Verkäufe und Auslieferungen automatisch abzuwickeln sowie rund um die Uhr zu analysieren und zu optimieren. Das Beste daran: Die meisten dieser Tools sind kostenlos oder sehr erschwinglich. Und du brauchst keinen technischen Hintergrund. Wenn du Canva oder Google Docs bedienen kannst, kannst du auch diesen Stack nutzen.

Ein KI-Einkommenssystem funktioniert wie ein Unternehmen mit verschiedenen Abteilungen. Jedes Tool hat eine klare Aufgabe in deinem automatisierten Imperium. Zu den wichtigsten Kategorien gehören Content-Generierungstools wie ChatGPT, Jasper oder Claude, mit denen du Blogartikel,

E-Books, Skripte oder E-Mail-Sequenzen in Minuten erstellen kannst. Design- und Videotools wie Canva, Pictory, Invideo oder KI-Stimmengeneratoren ermöglichen dir, visuelle Inhalte, Workbook-Cover oder sogar faceless Videos zu produzieren. Website- und Funnel-Builder wie Systeme.io oder Carrd helfen dir, Landingpages, Opt-in-Seiten, Verkaufsseiten und Upsells komplett automatisiert einzurichten. Automatisierungsplattformen wie Make.com oder Zapier verbinden deine Tools miteinander, sodass beispielsweise nach einem Download automatisch eine personalisierte E-Mail verschickt wird. Marketing- und Distributions-Tools wie Ocoya, Predis.ai oder MailerLite sorgen dafür, dass deine Inhalte geplant, veröffentlicht und per E-Mail verteilt werden – ohne dein tägliches Zutun. Und schließlich helfen dir Tracking- und Analyse-Tools wie Google Analytics oder Stripe-Dashboards dabei, Verkäufe und Performance im Blick zu behalten und datenbasiert zu optimieren.

Wenn du ganz am Anfang stehst, reicht ein schlanker, aber leistungsstarker Minimal-Stack völlig aus: ChatGPT für Texte, Canva für Design, Gumroad oder Payhip für die Produktauslieferung, Systeme.io für den Verkaufsfunnel, Make.com für Automatisierung, MailerLite für E-Mail-Marketing und ein Social-Media-Planungstool wie

Ocoya. Mit weniger als 50 Dollar im Monat – oft sogar kostenlos – kannst du damit ein vollständiges Online-Business betreiben.

Wichtig ist, deinen Stack klar zu organisieren. Nutze Tools wie Notion oder Trello, um Workflows zu dokumentieren, Verbindungen zwischen Tools festzuhalten, Vorlagen und Prompts zu speichern und neue Automatisierungen zu planen. Betrachte deine Tools wie ein Team. Jedes hat eine definierte Aufgabe. Du weißt genau, was es übernimmt und wann es optimiert werden muss. Vermeide es, ständig neuen „glänzenden" Tools hinterherzujagen. Einfachheit schlägt Komplexität. Wähle wenige Tools pro Kategorie, werde gut darin und baue stabile Systeme darum herum. Erst wenn dein erstes System zuverlässig läuft, kannst du über Upgrades nachdenken. Dein Tech-Stack soll deine Vision unterstützen, nicht dich überfordern.

Natalies Geschichte zeigt, wie kraftvoll ein gut aufgebauter Stack sein kann. Sie saß monatelang in einem Café in Miami, erschöpft von ihrem Job als Marketingassistentin und überfordert von Begriffen wie Funnel-Builder, CRM oder SEO. Eines Tages stieß sie auf ein Video mit dem Titel: „Baue ein komplettes Business mit 6 kostenlosen KI-Tools – keine Erfahrung nötig." Dieses Video veränderte alles. Sie schrieb sich auf, was sie wollte: KI sollte ihre Blogartikel und E-Mails schreiben, digitale Produkte sollten sich im Schlaf verkaufen, Social-Media-Posts automatisch veröffentlicht werden und Verkäufe sollten ohne persönliche Gespräche erfolgen.

Sie entdeckte ChatGPT für Texte, Canva für Designs, Pictory für Kurzvideos, Gumroad für den Verkauf, Systeme.io für den Funnel, MailerLite für E-Mail-Automatisierung, Ocoya für Social-Media-Planung und Make.com zur Verbindung aller Systeme. Die meisten Tools kosteten sie kaum etwas. Also begann sie. Ihr erstes Produkt war ein 25-seitiger Guide zur Produktivitätssteigerung, geschrieben mit ChatGPT, gestaltet in Canva, verkauft über Gumroad und eingebettet in einen automatisierten Funnel. Ihre Gesamtkosten betrugen 27 Dollar. Sechs Tage später war sie live.

Die ersten Verkäufe kamen langsam, dann schneller. Ein Reel ging halb viral, und plötzlich verdiente sie über 800 Dollar in einer Woche. Doch das Entscheidende war: Sie musste nichts manuell tun. Die E-Mails gingen automatisch raus, das Produkt wurde sofort ausgeliefert, der Funnel lief im Hintergrund. Monate später generierte sie über 4.000 Dollar im Monat aus mehreren digitalen Produkten und einem Affiliate-Funnel – komplett automatisiert. Sie war nicht millionenschwer, aber sie war frei. Ihr Stack arbeitete wie ein

Team aus unsichtbaren Mitarbeitern, die niemals Urlaub brauchten und rund um die Uhr für sie tätig waren.

Natalie verstand eine zentrale Wahrheit: Man muss nicht alles wissen. Man braucht nur die richtigen Tools, die die richtigen Aufgaben übernehmen. Statt Monate mit Programmieren zu verbringen oder teure Hilfe einzukaufen, baute sie ihren KI-Tech-Stack Schritt für Schritt wie ein Lego-System auf. Aus Überforderung wurde Automatisierung. Aus Burnout wurde Selbstständigkeit. Und alles begann mit der Entscheidung, es einfach, schlank und systematisch zu halten.

Kapitel 3: Content-Automatisierung – Blogs, E-Mails, Social Posts und mehr

Warum Content der Motor für automatisiertes Einkommen ist

Du kannst das beste Produkt oder die beste Dienstleistung der Welt haben – aber wenn niemand es sieht, verdienst du kein Geld. Content sorgt für Aufmerksamkeit, Traffic, Vertrauen und letztlich für Verkäufe. Und hier kommt das Entscheidende: Du musst Inhalte nie wieder manuell erstellen. Mit modernen KI-Tools kannst du 80 bis 100 Prozent deines Contents automatisieren – von Blogartikeln für SEO-Traffic über E-Mail-Sequenzen für Leads und Conversions bis hin zu Social-Media-Posts, Videoskripten und Kurzvideos. Dieses Kapitel zeigt dir, wie du mit einfachen Workflows innerhalb weniger Stunden Inhalte für Wochen im Voraus produzierst.

Für Blog-Automatisierung besteht das Ziel darin, konstant organischen Traffic über Suchmaschinen zu generieren. Mit Tools wie ChatGPT, Jasper oder Claude kannst du lange Artikel erstellen. SEO-Optimierungstools helfen dir bei der Keyword-Optimierung, und Plattformen wie WordPress oder Medium dienen zur Veröffentlichung. Der Workflow ist einfach: Lass dir von ChatGPT Themenvorschläge für deine

Nische generieren, erstelle Gliederungen, erweitere die einzelnen Abschnitte mit KI und optimiere anschließend den Text. In jeden Artikel kannst du Affiliate-Links, Lead-Magneten oder Produkt-Buttons integrieren. So wird jeder Blogbeitrag zu einem stillen Verkäufer.

E-Mails lassen sich ebenso automatisieren. Mit ChatGPT kannst du komplette Willkommensserien erstellen, die neue Abonnenten systematisch in Käufer verwandeln. Du lädst die Texte in ein E-Mail-Marketing-Tool wie MailerLite oder ConvertKit hoch und richtest eine automatisierte Sequenz ein: Tag 0 Begrüßung, Tag 1–4 Mehrwert, Storytelling und Call-to-Action. Zusätzlich kannst du wöchentliche Newsletter aus bestehenden Blog- oder Social-Inhalten generieren lassen. Mit personalisierten Betreffzeilen und A/B-Tests maximierst du Öffnungs- und Klickraten – ohne täglichen Aufwand.

Social Media lässt sich ebenfalls vollständig planen. Mit Tools wie Predis.ai, Ocoya oder Canva kannst du Beiträge erstellen und einen ganzen Monat im Voraus planen. ChatGPT liefert dir Content-Ideen, Hooks, Captions und Hashtags. Für Kurzvideos kannst du Skripte generieren lassen und diese mit Tools wie Pictory oder Invideo in 15- bis 60-sekündige Clips verwandeln. Jeder Beitrag kann auf deine Landingpage, deinen Lead-Magneten oder dein Produkt verlinken. Durch

Wiederverwertung – etwa indem du Blogabsätze in Karussell-Posts oder Threads umwandelst – maximierst du den Output mit minimalem Aufwand.

Kurzvideos sind besonders wirkungsvoll. Mit KI-Skripten, automatisierten Voiceovers und Video-Generatoren kannst du faceless Videos produzieren, die auf YouTube Shorts, TikTok oder Instagram Reels laufen. Jeder Clip endet mit einem klaren Call-to-Action. So entsteht ein kontinuierlicher Traffic-Motor, der Interessenten direkt in deinen Funnel führt.

Ein 30-Tage-Plan könnte so aussehen: An Tag eins generierst du Blogideen und schreibst zwei Artikel mit KI. An Tag zwei erstellst du eine E-Mail-Sequenz. An Tag drei planst du 30 Social-Posts. An Tag vier designst und terminierst du sie. An Tag fünf produzierst du mehrere Kurzvideos. Tag sechs verknüpfst du alles mit deinen Funnels. Tag sieben analysierst du die Daten und optimierst. Innerhalb einer Woche hast du Content für einen ganzen Monat – komplett automatisiert.

Isabelles Geschichte zeigt, wie kraftvoll Content-Automatisierung sein kann. Sie war Ghostwriterin und schrieb für andere unter fremdem Namen – erschöpft und ausgebrannt. Eines Tages entdeckte sie die Möglichkeit, KI für sich arbeiten zu lassen. Statt für Kunden zu schreiben, startete sie einen eigenen Blog zum Thema stressfreie Produktivität.

Mit ChatGPT generierte sie Themen, Gliederungen und komplette Artikel. Sie richtete automatisierte E-Mail-Sequenzen ein und verband alles mit einem einfachen Funnel. Kurz darauf begann sie, faceless Videos zu erstellen – Skripte von ChatGPT, Stimme von einer KI, Schnitt per Automatisierung. Ein Video erreichte über Nacht tausende Aufrufe.

Monat für Monat plante sie an einem einzigen Tag ihren gesamten Content. Drei Stunden Arbeit – 30 Tage Sichtbarkeit. Ihre E-Mail-Liste wuchs, ihre Verkäufe stiegen, ihr Stress verschwand. Nach fünf Monaten hatte sie mehrere rankende Blogartikel, über tausend Abonnenten und stabile Einnahmen aus digitalen Produkten. Sie verdiente mehr als zuvor als Vollzeit-Ghostwriterin – ohne selbst Texte zu tippen. KI schrieb, plante, veröffentlichte und verkaufte für sie.

Eines Nachmittags saß sie in einer Buchhandlung mit ihrem Laptop und erkannte: Sie lebte das Leben, das sie sich immer gewünscht hatte. Nicht, weil sie mehr arbeitete – sondern weil sie Systeme baute. KI hatte ihr nicht den Beruf genommen. Sie hatte ihr Freiheit, Energie und Kreativität zurückgegeben.

Kapitel 4: Sales-Funnel-Automatisierung mit KI

Was ist ein Sales Funnel – und warum muss er automatisiert sein?

Ein Sales Funnel ist der Weg, den ein Kunde vom ersten Kontakt mit deinem Content bis zum Kauf deines Produkts durchläuft. In einem klassischen, manuellen Business müsstest du Leads persönlich anschreiben, Fragen beantworten, nachfassen und Einwände behandeln. Mit KI jedoch kannst du einen Funnel aufbauen, der informiert, Vertrauen aufbaut und verkauft – vollständig auf Autopilot. Das Ziel ist klar: Fremde in Käufer verwandeln, mit minimalem menschlichem Aufwand. Und sobald dein Funnel funktioniert, kannst du rund um die Uhr Traffic hineinschicken.

Ein KI-gestützter Sales Funnel besteht aus vier Kernphasen: Anziehen, Erfassen, Nurturing und Konvertieren. Zuerst ziehst du Menschen mit wertvollem, KI-generiertem Content an – Blogartikel, YouTube Shorts, Instagram Reels oder Pinterest-Pins. Jeder dieser Inhalte sollte auf einen kostenlosen Lead-Magneten verweisen. Danach kommt die Erfassungsphase: Du bietest ein Freebie an – etwa eine

Checkliste, einen Guide oder eine Vorlage – und sammelst E-Mail-Adressen. Mit Tools wie ChatGPT und Canva kannst du in weniger als 24 Stunden einen hochwertigen Lead-Magneten erstellen. Plattformen wie Systeme.io, ConvertKit oder MailerLite übernehmen die Auslieferung automatisch.

In der Nurturing-Phase werden automatisierte E-Mails versendet, die Vertrauen aufbauen. Eine Willkommensserie mit fünf bis sieben E-Mails liefert Mehrwert, erzählt Geschichten und führt sanft zu deinem Produkt. ChatGPT kann dir eine komplette Sequenz schreiben, die dein Angebot vorstellt, zentrale Ideen vermittelt und mit weichen Call-to-Actions arbeitet. Schließlich folgt die Konvertierungsphase: Du präsentierst dein kostenpflichtiges Angebot – etwa ein digitales Produkt, einen Kurs oder eine Dienstleistung. Tools wie Gumroad, Payhip oder Systeme.io übernehmen Bezahlung und Auslieferung. Mit KI-geschriebenen Produktseiten, klaren Call-to-Actions und zeitlich begrenzten Angeboten steigerst du deine Conversion-Rate zusätzlich.

Ein einfacher Funnel-Stack könnte so aussehen: Eine Landingpage mit Systeme.io oder Carrd, Lead-Magnet-Auslieferung über MailerLite oder ConvertKit,

E-Mails geschrieben mit ChatGPT, Produktverkauf über Gumroad oder Payhip, Bezahlung über Stripe und Upsells direkt im Funnel integriert. Du brauchst keinen Designer und keine teure Funnel-Software. Alles lässt sich mit schlanken Tools aufbauen.

Angenommen, du verkaufst einen Budget-Planer für 17 Dollar. Dein Funnel könnte mit einem kurzen Video starten: „5 Geldfehler, die Menschen jeden Monat machen." In der Bio verlinkst du einen kostenlosen Guide wie „7-Tage-Budget-Reset". Nach dem Opt-in startet eine E-Mail-Serie, die deinen Planer vorstellt. Ein Upsell-Bundle für 27 Dollar ergänzt das Angebot. Affiliate-Links zu Tools, die du nutzt, erhöhen zusätzlich deinen Umsatz. Produkt, Funnel, E-Mails und Upsell – alles mit KI erstellt. Sobald alles live ist, läuft das System selbstständig.

Nach dem Launch hilft dir KI weiter zu optimieren. Mit Analytics-Tools verfolgst du, wo Nutzer abspringen. Du kannst ChatGPT bitten, A/B-Test-Varianten für Betreffzeilen, Produktbeschreibungen oder Call-to-Actions vorzuschlagen. So wird dein Funnel kontinuierlich besser.

Sofias Geschichte zeigt, wie kraftvoll das sein kann. Als Krankenschwester mit zwei Kindern hatte sie weder Marketingwissen noch technisches Know-how. Funnels erschienen ihr wie ein kompliziertes Labyrinth. Doch sie entschied sich, es einfach zu halten. Ihr Thema war Essensplanung für vielbeschäftigte Eltern. Mit ChatGPT erstellte sie ein Freebie namens „5-Minuten-Mahlzeiten für erschöpfte Mütter". Sie gestaltete es in Canva und baute mit Systeme.io eine einfache Landingpage. Danach ließ sie sich eine 7-tägige E-Mail-Serie schreiben, die ihren 17-Dollar-Meal-Planer vorstellte. Der Planer wurde über Gumroad verkauft.

Ein einziges Instagram-Reel brachte ihr über 30 Anmeldungen. Innerhalb der ersten Woche verkaufte sie sechs Produkte. Mit weiteren Optimierungen – neuen Betreffzeilen, überarbeiteten Produktbeschreibungen, einem Bundle-Angebot und einem Countdown-Timer – steigerte sie ihre Conversion-Rate deutlich. Im zweiten Monat verdiente sie fast 1.000 Dollar. Nach vier Monaten hatte sie drei Funnels für unterschiedliche Zielgruppen – alle von KI erstellt und automatisiert.

Sie musste niemandem hinterherlaufen. Kein tägliches Posten, kein manuelles Versenden von E-Mails, keine individuelle Produktauslieferung. Alles lief im Hintergrund. An ihrem 38. Geburtstag buchte sie einen Familienausflug – bezahlt aus den Funnel-Einnahmen dieses Monats.

Sie erkannte: Früher verkaufte sie ihre Zeit. Jetzt baute sie Systeme, die sich selbst verkaufen.

Kapitel 5: Kundensupport-Bots & CRM-Systeme

In jedem Business – egal wie klein oder automatisiert – werden früher oder später Kundenfragen und Support-Anfragen auftauchen. Für viele digitale Unternehmer wird genau in dem Moment, in dem die Verkäufe steigen, das Postfach zum Engpass. Einfache Fragen wie „Wo ist mein Download-Link?“, „Funktioniert das Produkt auch auf dem Handy?“ oder „Wie bekomme ich eine Rückerstattung?“ häufen sich schnell. Ohne System wird aus Erfolg plötzlich Stress. Doch heute brauchst du weder einen virtuellen Assistenten noch musst du den ganzen Tag dein E-Mail-Postfach überwachen. Mit KI kannst du 80 bis 100 Prozent deines Kundensupports durch intelligente, dialogfähige Bots abwickeln – sofort, rund um die Uhr und ohne Emotionen. Und für die wenigen Fälle, die eine persönliche Note erfordern, sorgt ein CRM-System dafür, dass du Kontakte organisierst, segmentierst, nachfasst und sogar Upsells automatisierst, ohne je den Überblick zu verlieren.

Moderne KI-Chatbots sind heute erstaunlich intelligent und wirken menschlich. Sie liefern nicht mehr nur vorgefertigte Antworten, sondern können mit den richtigen Tools deine Inhalte analysieren, dein Business verstehen und sogar

Produktempfehlungen aussprechen. Stell dir vor, ein Kunde besucht deine Website um 2 Uhr morgens, fragt deinen Bot, ob dein Planer auf dem iPad funktioniert, und erhält sofort eine detaillierte Antwort inklusive klickbarem Link zur Produktseite. Keine Wartezeit, kein Personalaufwand, kein Burnout. Das ist echte Automatisierung. Die meisten Bots lassen sich nahtlos in Websites, Landingpages, Kursplattformen und Funnels integrieren.

Es gibt mehrere No-Code-Tools, mit denen du dein KI-Support-System einfach aufbauen kannst. Tidio eignet sich hervorragend für digitale Produkte oder E-Commerce und kombiniert KI-Automatisierung mit optionalem Live-Chat. ManyChat ist ideal für Instagram- oder Messenger-Automatisierung und kann DMs beantworten, Leads taggen und Opt-ins ausliefern. Für größere Unternehmen bietet Intercom leistungsstarke KI-Bots, die Gespräche simulieren und Support-Anfragen priorisieren. Besonders spannend ist Chatbase: Hier kannst du deine Website, Produktseiten, PDFs oder sogar komplette E-Books hochladen, und das System trainiert einen ChatGPT-gestützten Bot, der Kundenfragen auf Basis deiner eigenen Inhalte beantwortet. Er rät nicht – er weiß.

Angenommen, du hast ein 30-seitiges E-Book über Produktivität erstellt. Ein Besucher fragt im Chat: „Hilft das auch Menschen mit ADHS?“ oder „Gibt es eine druckbare Version?“ Ein mit Chatbase trainierter Bot durchsucht dein Dokument, liefert eine fundierte Antwort und verlinkt direkt zu einer passenden Seite oder einem Bundle. Du hast gerade verkauft – ohne selbst aktiv zu werden. Das ist die Kraft eines trainierten KI-Assistenten, der 24/7 in deinem Business arbeitet.

Doch Support ist nur ein Teil. Der andere ist Beziehungsmanagement. Sobald jemand Kunde oder Abonnent wird, entscheidet dein System zur Verwaltung, Segmentierung und Nachverfolgung über deinen langfristigen Umsatz. Hier kommt ein CRM (Customer Relationship Management) ins Spiel. Ein gutes CRM ermöglicht es dir, Kontakte nach Interessen zu taggen, ihren Status im Funnel zu verfolgen und personalisierte Follow-ups oder Upsells automatisch auszulösen. Plattformen wie MailerLite, Systeme.io oder Zoho bieten einsteigerfreundliche Lösungen mit Automatisierungen, Triggern und Verhaltens-Tracking – etwa bei Link-Klicks, Freebie-Downloads oder abgebrochenen Käufen.

Die wahre Magie entsteht, wenn du Chatbot und CRM verbindest. Ein Beispiel: Ein Besucher fragt deinen Bot, ob dein Produkt Video-Tutorials enthält. Der Bot beantwortet die Frage und bietet zusätzlich ein kostenloses Bonus-Video per E-Mail an. Wenn der Nutzer zustimmt, wird seine Adresse ins CRM übertragen, ein personalisierter E-Mail-Funnel gestartet und das Bonusmaterial automatisch versendet. Der Kunde fühlt sich gehört und betreut. Du hast einen Lead gewonnen und deine Verkaufschance erhöht – ganz ohne manuelle Arbeit.

KI-Support-Bots und CRM-Systeme sind nicht nur Werkzeuge. Sie sind digitale Mitarbeiter, die nicht schlafen, sich nicht beschweren und nichts vergessen. Sie schaffen ein reibungsloses Kundenerlebnis und geben dir Zeit zurück – für Produktentwicklung, Skalierung oder einfach für dein Leben. Selbst wenn du am Anfang stehst, hebt ein einfacher Bot plus CRM dein Business sofort auf ein neues Level, steigert Conversion-Raten und spart dir unzählige Stunden.

Liams Geschichte zeigt das eindrucksvoll. Sein Business mit Notion-Templates wuchs, doch sein Postfach wurde zum Chaos. Täglich Dutzende E-Mails mit denselben Fragen. Er fühlte sich gefangen im eigenen Erfolg. Dann entdeckte er Chatbase und verband es mit seinem CRM über Make.com. Er lud FAQs, Produktbeschreibungen und Support-Verläufe hoch und ließ einen KI-Bot trainieren. Innerhalb von zwei Tagen war der Assistent live. Kunden erhielten sofortige Antworten. Rückerstattungsanfragen gingen zurück. Die Support-Flut ebbte ab.

Als er den Bot mit seinem CRM verband, begann das System Leads automatisch zu taggen und personalisierte Angebote auszulösen. Was früher mehrere manuelle E-Mails erforderte, lief nun in Sekunden automatisiert ab. Schritt für Schritt baute er weitere Automationen ein. Sein Postfach, einst Quelle täglicher Anspannung, wurde still. Kundenzufriedenheit stieg um 40 Prozent – nicht weil die KI „besser" war als er, sondern weil sie immer verfügbar war.

Liam gewann Zeit zurück, entwickelte neue Produkte und startete sogar einen YouTube-Kanal. Der Bereich seines Geschäfts, der sich einst am belastendsten anfühlte, wurde der effizienteste. Sein Unternehmen lief ruhig, skalierbar und automatisiert – genau so, wie er es sich immer vorgestellt hatte.

Kapitel 6: Intelligente KI-Workflows für digitale Produkte

Der Verkauf digitaler Produkte ist eine der kraftvollsten Möglichkeiten, online passives Einkommen aufzubauen. Ob E-Book, Vorlage, Kurs, Toolkit oder Notion-Workspace – digitale Produkte haben geringe Fixkosten, globale Reichweite und hohe Gewinnmargen. Doch die wahre Magie entsteht erst, wenn du diese Produkte mit Automatisierung kombinierst. Intelligente KI-Workflows ermöglichen es dir nicht nur zu verkaufen, sondern ein System aufzubauen, das deine Produkte erstellt, ausliefert, bewirbt und sogar verbessert – nahezu ohne manuellen Aufwand. Genau hier bleiben viele stecken: Sie erstellen ein Produkt, laden es hoch und hoffen auf Verkäufe. Ein smarter KI-Unternehmer hingegen baut um jedes Produkt ein automatisiertes System.

Ein intelligenter Workflow beginnt bereits vor der eigentlichen Produkterstellung. Zuerst kommt die Ideenfindung und Validierung – vollständig KI-gestützt. Du kannst ChatGPT beispielsweise nach Trend-Produkten in deiner Nische fragen, dir ein Angebot strukturieren lassen, Bonusmaterial vorschlagen lassen und sogar den Kerninhalt generieren. Mit Canva gestaltest du anschließend das Produkt visuell, während Tools wie Pictory oder Invideo den Inhalt bei Bedarf in Videos verwandeln. Für professionelle Voiceovers sorgt ElevenLabs. So entsteht ein hochwertiges Produkt, ohne Kamera oder Mikrofon. Doch mit der Fertigstellung endet der Workflow nicht – er beginnt erst.

Die nächste Ebene ist Lieferung und Zugriff. Plattformen wie Gumroad, Payhip oder Podia automatisieren Zahlungsabwicklung und Produktauslieferung. Nach dem Kauf erhält der Kunde automatisch eine Dankesmail, den Download-Link und eventuell ein Bonusangebot – alles KI-unterstützt formuliert, warm und überzeugend. Möchtest du die Kundenzufriedenheit steigern, lässt du dir von ChatGPT eine Onboarding-Sequenz oder eine „So nutzt du dieses Produkt“-Anleitung erstellen, die direkt nach dem Kauf verschickt wird. Diese durchdachte Automatisierung schafft ein starkes Kundenerlebnis – völlig hands-free.

Promotion ist der nächste Schritt – und hier brennen viele aus. E-Mails, Blogposts und Social-Media-Beiträge kosten Zeit, es sei denn, du automatisierst sie. Mit Tools wie Ocoya, Predis.ai oder Jasper kannst du in wenigen Minuten Wochen an Content erstellen. Kombiniert mit Planungstools wie Buffer oder der Meta Business Suite veröffentlichen sich deine Inhalte automatisch. ChatGPT kann Affiliate-Nachrichten, Newsletter-Texte oder Produktbeschreibungen verfassen.

Jeder Text ist KI-gestützt, jede Veröffentlichung automatisiert. Du erschaffst keine Inhalte mehr – du erschaffst Systeme, die Inhalte veröffentlichen.

Ein oft unterschätzter Bereich ist die Optimierung. Sobald dein Produkt-System live ist, kannst du Leistungsdaten in ChatGPT oder Claude einfüttern und Verbesserungsvorschläge generieren lassen. Du kannst deine Salespage einfügen und zehn neue Headline-Varianten für A/B-Tests erhalten oder deine E-Mail-Öffnungsraten analysieren lassen und neue Betreffzeilen vorschlagen bekommen. Mit Tools wie Airtable oder Notion kannst du ein zentrales Dashboard erstellen, das Verkaufszahlen, Feedback und Conversion-Daten automatisch sammelt. Dein Workflow wird mit jeder Iteration intelligenter.

Auch Upsells und Bundles lassen sich automatisieren. KI kann dir eine One-Click-Upsell-Seite formulieren oder Produktkombinationen vorschlagen, basierend auf bisherigen Käufen. In Systeme.io baust du diese Logik visuell auf und kombinierst sie mit KI-generierten Texten. Zeitlich begrenzte Rabatte oder Bonusinhalte lassen sich automatisiert freischalten. Selbst Support-Anfragen zu Upsells kann dein KI-Bot beantworten. Alles ist Teil eines durchdachten digitalen Produkt-Ökosystems.

Der klügste Schritt ist die Verbindung zwischen Erstellung, Promotion, Auslieferung und Wachstum zu automatisieren. Mit dem richtigen Tool-Stack wirst du vom Ersteller zum Dirigenten. Du arbeitest nicht härter – du orchestrierst. Ein Produkt wird zu fünf. Ein Funnel wird zu einem Portfolio. Du baust einmal auf und optimierst kontinuierlich. KI-Workflows stehen nicht für Faulheit, sondern für Hebelwirkung. Wenn deine Systeme intelligent genug sind, wächst dein Einkommen – selbst wenn du eine Pause machst. So skalieren moderne digitale Unternehmer von einem Produkt zu einem gesamten passiven Einkommens-Ökosystem: nicht durch mehr Arbeit, sondern durch smartere Systeme.

Dianas Geschichte zeigt, wie das in der Praxis aussieht. Sie war organisiert, strukturiert und liebte Planung – doch ihr 9-to-5-Job fühlte sich fremdbestimmt an. Als sie ein Video über den Verkauf digitaler Produkte mit KI sah, begann sie sofort zu planen. Ihr erstes Produkt war ein digitaler Produktivitätsplaner. Mit ChatGPT entwickelte sie Inhalte, Einleitungen und Zitate. In Canva gestaltete sie alles professionell und lud es für 19 Dollar auf Gumroad hoch.

Anschließend baute sie das System darum herum: Ein Lead-Magnet, erstellt mit KI, eine Landingpage in Systeme.io, eine automatisierte E-Mail-Serie in MailerLite, ebenfalls mit

ChatGPT geschrieben. Jeder Kauf löste automatisch die Auslieferung aus. Danach automatisierte sie die Promotion mit Predis.ai und veröffentlichte KI-generierte Reels. Ein Video brachte über 100 neue Abonnenten. Ohne Kamera, ohne stundenlanges Schreiben.

Im nächsten Monat folgten zwei weitere Produkte – ein Notion-Dashboard und ein minimalistischer Budget-Tracker. Alles nach demselben Workflow: KI-Planung, Design, Plattform-Setup, Funnel, Automatisierung. Sie bündelte die Produkte, fügte Upsells hinzu und ließ ChatGPT die Verkaufstexte schreiben. Drei Monate später hatte sie über 3.000 Dollar Umsatz erzielt. Doch wichtiger als das Geld war das Gefühl: Sie hatte kein Geschäft gestartet – sie hatte ein System gebaut.

Als ihr Chef kurzfristig ein Meeting ansetzte, blickte sie auf ihr Stripe-Dashboard: wieder Verkäufe. Sie kündigte. Nicht, weil sie reich war – sondern weil ihr Einkommen nicht mehr an ihre Zeit gebunden war. Ihre digitalen Produkte wurden erstellt, beworben und ausgeliefert durch Workflows, die sie einmal aufgebaut und mit KI optimiert hatte. Ihre Planung diente nicht mehr fremden Zielen – sondern ihrem eigenen Leben, getragen von Systemen, die niemals schlafen.

Kapitel 7: KI-Systeme verfolgen, testen und optimieren

Automatisierung ist kraftvoll – aber Automatisierung ohne Einblick führt oft zu verschwendeter Energie. Wenn deine KI-Systeme laufen, du aber nicht weißt, was funktioniert, woher dein Traffic kommt oder wie sich Nutzer in deinem Funnel verhalten, arbeitest du im Blindflug. Genau deshalb sind Tracking, Testing und Optimierung die verborgenen Motoren hinter skalierbarem passivem Einkommen. Du musst nicht raten, was funktioniert. Du kannst es wissen – und KI kann dir sogar sagen, wie du es verbessern kannst. Dafür brauchst du weder komplexe Technikkenntnisse noch teure Analysten, sondern nur einfache, saubere Systeme.

Der erste Schritt besteht darin, grundlegendes Tracking für jeden Teil deines digitalen Produkt-Systems einzurichten. Du solltest wissen, wie viele Menschen deine Seiten besuchen, woher sie kommen, worauf sie klicken und wie viele sich in Leads oder Käufer verwandeln. Tools wie Google Analytics, die integrierten Statistiken von Systeme.io oder Gumroad sowie UTM-Tracking-Links sind essenziell. UTM-Links sind individuelle Tracking-Links, mit denen du genau sehen kannst, ob ein Besucher von Instagram, YouTube, einer E-Mail oder einer bestimmten Anzeige kam. Wenn du für jede

Plattform eigene Links verwendest, erkennst du sofort, welche Inhalte wirklich Traffic und Verkäufe bringen – und welche nur Zeit kosten.

Als Nächstes solltest du dein E-Mail-Verhalten analysieren. Plattformen wie MailerLite oder ConvertKit zeigen dir Öffnungsraten, Klicks, Abmeldungen und sogar, welche E-Mails zu Käufen führen. Liegt deine Öffnungsrate unter 25 Prozent, sind wahrscheinlich deine Betreffzeilen schwach. Klicken nur wenige, muss dein Call-to-Action optimiert werden. Statt stundenlang selbst zu feilen, kannst du ChatGPT deine komplette Sequenz prüfen lassen. Füge deine E-Mails ein und frage: „Welche Teile dieser Sequenz könnten umgeschrieben werden, um Engagement und Conversion zu erhöhen?“ KI erkennt schwache Formulierungen, schlägt neue Hooks vor und kann deine Texte in einem überzeugenderen Ton neu formulieren.

Dann kommt A/B-Testing ins Spiel. Dabei testest du zwei Varianten – zum Beispiel zwei Headlines, zwei Betreffzeilen oder zwei Landingpages – um herauszufinden, welche besser performt. Systeme.io und ConvertKit bieten integrierte Testfunktionen, bei Gumroad kannst du mit separaten Seiten arbeiten. Lass dir von ChatGPT mehrere Varianten erstellen: „Gib mir fünf dringlichkeitsorientierte Überschriften“ oder

„Formuliere dieses Angebot emotionaler." Statt dich auf dein Bauchgefühl zu verlassen, lässt du die Daten entscheiden.

Sobald du trackst und testest, beginnt die Optimierung. Lege dir eine wöchentliche Routine fest: Analysiere deine Dashboards, E-Mail-Reports und UTM-Daten. Woher kommt der meiste Traffic? Welche Inhalte konvertieren am besten? Wo springen Nutzer ab? Verbessere immer nur das schwächste Glied deiner Kette – vielleicht das Opt-in-Angebot, vielleicht die Betreffzeile, vielleicht der Upsell-Text. Miss erneut. Wiederhole. So entsteht kontinuierliche Verbesserung statt hektischer Aktion.

Besonders wirkungsvoll ist es, echte Leistungsdaten direkt in KI einzuspeisen. Du kannst zum Beispiel schreiben: „Von 500 Besuchern haben sich 38 eingetragen und 3 gekauft. Hier ist meine Salespage und der Funnel. Wie kann ich die Conversion erhöhen?" Die KI analysiert Sprache, Dringlichkeit, Positionierung und Logik – und gibt strategische Empfehlungen. So wird sie vom Content-Generator zum Performance-Berater.

Fortgeschrittene Nutzer können Tools wie Notion oder Airtable als zentrales Dashboard verwenden. Mit Automationen über Zapier oder Make.com lassen sich Verkaufszahlen, Klicks und Einnahmen automatisch importieren. Du siehst auf einen Blick, welche E-Mail gestern die meisten Verkäufe brachte oder welcher Reel letzte Woche die meisten Opt-ins generierte. Wer so arbeitet, rät nicht mehr – er steuert.

Im automatisierten Einkommensmodell liegt der Unterschied zwischen 100 und 10.000 Dollar im Monat oft genau hier: Wer trackt, wer testet, wer optimiert. Deine Systeme dürfen einfach sein – aber sie müssen intelligent sein. Mit KI als Motor und Navigationssystem baust du eine Feedback-Schleife auf, die jeden Launch besser, jeden Funnel präziser und jeden Verkauf stabiler macht. Einmal bauen – kontinuierlich verfeinern.

Devons Geschichte zeigt das deutlich. Sein erstes digitales Produkt – ein KI-gestütztes Bewerbungs-Template-Bundle – lief zunächst hervorragend. Dann brachen die Verkäufe plötzlich ein. Er hatte nichts verändert – und genau das war das Problem. Er wusste nicht, warum es zuvor funktionierte oder warum es jetzt nicht mehr funktionierte. Er hatte kein System zur Analyse.

Also begann er mit UTM-Tracking für jede Plattform. Schnell erkannte er, dass 70 Prozent seines Traffics von einem alten Medium-Artikel kamen, während Instagram – wo er die meiste Zeit investierte – kaum konvertierte. Danach analysierte er seine E-Mail-Sequenz und stellte fest, dass die

Öffnungsrate drastisch sank. Mit ChatGPT optimierte er Betreffzeilen und CTAs. Anschließend führte er A/B-Tests auf seiner Landingpage durch – zwei verschiedene Lead-Magneten, zwei unterschiedliche Headlines. Eine Variante gewann deutlich.

Er baute ein einfaches Dashboard in Notion und analysierte jede Woche die Zahlen. Mit jeder Optimierung stiegen seine Conversion-Raten. Nach sechs Wochen war sein Funnel nicht nur stabil, sondern profitabler als zuvor. Er arbeitete nicht mehr reaktiv, sondern strategisch. Seine Zahlen gaben ihm Klarheit und Kontrolle.

Als er abends auf sein Dashboard blickte, sah er nicht nur Umsätze. Er sah ein feinjustiertes System. Sein Business lief nicht zufällig – es war abgestimmt. Und mit KI als strategischem Partner wusste er: Die Daten würden ihm immer den nächsten Schritt zeigen.

Kapitel 8: Skalieren – Dein KI-Einkommen vervielfachen und diversifizieren

Sobald du eine automatisierte Einkommensquelle aufgebaut hast, die funktioniert – sei es ein digitales Produkt, ein Kurs, ein YouTube-Kanal oder ein Affiliate-Funnel – hast du bewiesen, dass es möglich ist. Die eigentliche Frage lautet dann: Wie skalierst du das Ganze? Skalierung bedeutet nicht, härter zu arbeiten. Es bedeutet, das zu vervielfachen, was bereits funktioniert, ergänzende Einkommensströme aufzubauen und mit KI deine Reichweite zu vergrößern, ohne deinen Arbeitsaufwand zu erhöhen. Es geht darum, Systeme zu duplizieren, Wachstum zu automatisieren und dein Einkommen durch Diversifikation abzusichern.

Der erste Schlüssel zur Skalierung ist die Duplizierung. Wenn dein digitales Produkt konstant 10 Dollar pro Tag einbringt, liegt der Impuls oft darin, es immer weiter zu optimieren. Doch häufig ist es klüger, das Modell in einer neuen Nische oder mit einem leicht veränderten Angebot zu replizieren. Hast du beispielsweise einen Notion-Planer für Berufstätige erstellt, kannst du denselben Workflow nutzen, um Versionen für Studenten, Kreative oder Remote-Arbeiter zu entwickeln.

Deine KI-Prompts, E-Mail-Sequenzen und Funnel-Strukturen existieren bereits – du passt nur Zielgruppe und Messaging an. ChatGPT hilft dir, Varianten zu entwickeln, angrenzende Zielgruppen zu identifizieren und neue Positionierungen zu formulieren. Je häufiger du bewährte Systeme kopierst, desto schneller wächst dein Einkommen – ohne bei null zu beginnen.

Die zweite Säule ist Diversifikation. Sich auf ein einziges Produkt oder eine Plattform zu verlassen, ist riskant. Algorithmen ändern sich, Traffic bricht ein, Trends verschwinden. Deshalb bauen kluge KI-Unternehmer mehrere Einkommensquellen auf, die sich gegenseitig ergänzen. Verkaufst du E-Books, kannst du einen Kurs als Upsell hinzufügen. Produzierst du Kurzvideos, kannst du Affiliate-Funnels in derselben Nische integrieren. Betreibst du einen YouTube-Kanal, kannst du mithilfe von KI deine besten Videos in Blogartikel, Pinterest-Pins oder sogar Podcast-Audios umwandeln. Tools wie Pictory, ElevenLabs, Canva und Ocoya ermöglichen es dir, Inhalte plattformübergreifend zu transformieren und zu verbreiten. Jeder neue Kanal verstärkt den bestehenden – es entsteht ein Umsatz-Schwungrad.

Ein weiterer starker Hebel liegt in Bundles und gestaffelten Angeboten. Statt viele einzelne Low-Ticket-Produkte anzubieten, kannst du sie thematisch bündeln oder in verschiedene Preisstufen strukturieren. ChatGPT unterstützt dich bei der Namensgebung, beim Schreiben der Verkaufsseiten und beim Erstellen von Bonusmaterialien. Systeme.io erlaubt es dir, Preisstufen zu definieren, während Gumroad Bundle-Preise und Add-ons anbietet. Ein einzelnes 17-Dollar-Produkt kann Teil eines 47-Dollar-Bundles oder eines 97-Dollar-Premium-Angebots werden. Dadurch steigt dein durchschnittlicher Bestellwert – und die KI übernimmt den Verkaufsprozess über automatisierte E-Mails und Upsell-Seiten.

Wenn du bereits ein Publikum aufgebaut hast – selbst ein kleines – kannst du mit KI gezielt segmentieren und personalisieren. Du kannst deine E-Mail-Liste nach Interessen oder Kaufverhalten taggen und ChatGPT individuelle Sequenzen für jede Gruppe schreiben lassen. MailerLite oder ConvertKit senden dann automatisch passende Nachrichten aus. Geburtstagsmails, Reaktivierungskampagnen oder exklusive Angebote laufen vollständig automatisiert. Personalisierung entsteht auf Knopfdruck – und steigert Vertrauen sowie Conversion-Raten.

Skalieren bedeutet auch, dein Team zu erweitern – ohne Mitarbeiter einzustellen. Jedes KI-Tool übernimmt eine Rolle: ChatGPT oder Jasper als Copywriter, Ocoya als Social-Media-Manager, Make.com als Operations-Assistent, Pictory als Videoeditor, ElevenLabs als Sprecher. Du managst keine Menschen, sondern Systeme. Funktioniert etwas nicht, optimierst du den Prozess – nicht eine Person. Das schafft Freiheit und Effizienz.

Nutze deine Erfolge, um Evergreen-Systeme zu bauen. Wenn ein Produkt verkauft wird, entwickle daraus einen dauerhaften Funnel. Wenn ein Blogartikel gut rankt, verwandle ihn in einen Lead-Magneten oder ein Video. Wenn du mehrere Produkte besitzt, kannst du sie lizenzieren, bündeln oder in einen Kurs integrieren. KI liefert die Hebelwirkung – deine Aufgabe ist es, Muster zu erkennen, Workflows zu standardisieren und kontinuierlich zu automatisieren.

Skalierung bedeutet nicht, Zahlen hinterherzujagen. Es bedeutet, eine digitale Maschine zu bauen, die Ergebnisse vervielfacht, ohne Stress zu vervielfachen. Mit jedem System, das du duplizierst, automatisierst oder diversifizierst, wird dein passives Einkommen stabiler und nachhaltiger.

Calebs Weg zeigt das eindrucksvoll. Er begann mit einem einzigen E-Book für Freelancer, erstellt mit ChatGPT und verkauft für 19 Dollar. Als die Verkäufe stiegen, dachte er nicht nur in Produkten, sondern in Systemen. Er ließ sich von KI weitere Produktideen generieren, baute zusätzliche Angebote und bündelte sie zu einem 47-Dollar-Paket. Dieses Bundle übertraf bald das ursprüngliche Produkt.

Er duplizierte seine Funnels, passte nur Inhalte und Zielgruppen an und ließ die Automatisierung laufen. ChatGPT schrieb Salespages, MailerLite verschickte E-Mails, Gumroad wickelte Zahlungen ab. Statt ständig neu zu starten, stapelte er Systeme.

Zusätzlich diversifizierte er: Er verwandelte Inhalte in Kurse, integrierte Affiliate-Links und baute mehrere Einkommensquellen auf. Mit gestaffelten Angeboten erhöhte er seinen durchschnittlichen Umsatz pro Kunde erheblich. KI half ihm, personalisierte E-Mail-Sequenzen für verschiedene Berufsgruppen zu erstellen. Sein Dashboard in Notion aktualisierte sich automatisch via Zapier-Integrationen.

Nach neun Monaten hatte er ein digitales Portfolio mit über einem Dutzend Produkten, mehreren Funnels und fünf Einkommensquellen aufgebaut – ohne Team, ohne 60-Stunden-Woche. Als er am Flughafen auf seinen Flug wartete, zeigte sein Dashboard bereits mehrere hundert Dollar

Umsatz für diesen Tag. Während er reiste, lief das System weiter.

Alles begann mit einem Produkt, einem Tool und der Entscheidung, nicht härter zu arbeiten, sondern intelligenter zu bauen.

Kapitel 9: Burnout vermeiden – Lass KI dein virtueller Mitarbeiter sein

Automatisierung soll dein Leben einfacher machen – doch paradoxerweise fühlen sich viele Menschen, die mit KI passives Einkommen aufbauen wollen, schnell überfordert. Sie nutzen zu viele Tools, verfolgen jeden Trend und versuchen, alles gleichzeitig umzusetzen. Das Ergebnis: Burnout, noch bevor echte Dynamik entsteht. Deshalb ist einer der wichtigsten Grundsätze beim Aufbau eines automatisierten KI-Einkommens nicht nur Wachstum – sondern Nachhaltigkeit. Du willst dir keinen neuen Job erschaffen. Du willst ein System bauen, das wie ein Unternehmen funktioniert, in dem KI dein Support-Team ist – nicht dein Stressfaktor.

Der Schlüssel liegt darin, deine KI-Tools wie virtuelle Mitarbeiter zu behandeln, jeweils mit klarer Rolle und Verantwortung. In einem klassischen Unternehmen würde niemand erwarten, dass eine einzige Person alles übernimmt. Dasselbe gilt hier. ChatGPT ist dein Texter. Canva ist dein Designer. Systeme.io ist dein Funnel-Architekt. Make.com ist dein Operations-Manager. ElevenLabs ist dein Sprecher. Wenn jedes Tool eine definierte Aufgabe hat, kannst du dich auf strategische Entscheidungen konzentrieren, statt in operativen Details zu versinken. Dieser mentale Wechsel – von „Ich mache alles selbst“ zu „Ich leite mein KI-Team“ – trennt erfolgreiche Systembauer von gestressten Einzelkämpfern.

Um Burnout zu vermeiden, brauchst du Prozesse, die ohne tägliches Eingreifen funktionieren. Ein zentraler Ansatz ist das Batchen. Statt täglich Inhalte zu erstellen, generierst du mit KI in einer Stunde 30 Social-Media-Beiträge und planst sie mit Tools wie Ocoya oder der Meta Business Suite. Du lässt dir mehrere Blogartikel oder Newsletter auf einmal schreiben und lädst sie in dein E-Mail-System. Einmal pro Woche oder sogar einmal im Monat richtest du alles ein – und trittst dann zurück. Dein Business läuft weiter, während du nicht ständig vor dem Bildschirm sitzt.

Ein weiterer entscheidender Punkt ist die Reduzierung von Entscheidungsstress. KI kann dir helfen, nicht über jede Headline, jede Farbwahl oder jeden Content-Winkel endlos nachzudenken. Lass dir fünf Varianten generieren, wähle eine – fertig. Nutze feste Prompts für wiederkehrende Aufgaben. Erstelle Canva-Vorlagen, die du immer wieder duplizierst. Standardisiere deine Funnel-Struktur und deine Markenstimme. Je klarer deine Systeme, desto effizienter arbeitet KI für dich – und desto weniger mentale Reibung entsteht.

Ebenso wichtig ist es, klare Grenzen zu setzen. Nur weil KI dir erlaubt, schneller zu arbeiten, heißt das nicht, dass du ständig arbeiten musst. Lege feste Zeiten fest – zum Beispiel einen „CEO-Tag" pro Woche, an dem du deine Zahlen überprüfst und Optimierungen planst. Den Rest der Woche läuft dein System automatisiert. Nutze Notion, ClickUp oder Trello, um Aufgaben strukturiert zu verwalten. Erinnere dich daran: Ein nachhaltiges Business ist ein Marathon, kein Sprint. Ruhe ist kein Luxus – sie ist ein Wettbewerbsvorteil.

Delegation durch Automatisierung ist ebenfalls essenziell. Wenn dich wiederkehrende Aufgaben wie Support-Mails, Download-Auslieferungen oder Bonusmaterialien stressen, automatisiere sie vollständig. Make.com oder Zapier können Prozesse auslösen, dein CRM kann Follow-ups senden, Gumroad kann Rückerstattungen abwickeln. Frage dich regelmäßig: „Muss ich das selbst tun oder kann ein System das übernehmen?" In den meisten Fällen lautet die Antwort: Automatisierung.

Und vielleicht am wichtigsten: Erlaube dir, langsam zu wachsen. Du brauchst keinen viralen Hit oder 10.000 Follower. Wenn du jeden Monat ein neues Produkt erstellst, den Funnel automatisierst und KI für die Promotion nutzt, baust du Schritt für Schritt ein Portfolio auf, das sich summiert. Erfolg entsteht durch Systeme, die sich stapeln – nicht durch hektische Daueraktivität.

Der größte Gewinn durch KI ist nicht nur Geld – es ist Freiraum. Zeit zum Denken, Raum zum Leben, Freiheit zur Entscheidung. Wenn du aufhörst, Aufgaben zu jagen, und beginnst, Systeme zu bauen, veränderst du dein Verhältnis zur Arbeit. Du hetzt nicht mehr – du steuerst.

Alyssas Geschichte zeigt das deutlich. Ihr Etsy-Shop und ihre digitalen Produkte wuchsen schnell. Doch mit dem Erfolg kamen Support-Anfragen, technische Probleme und endlose To-do-Listen. Ironischerweise hatte sie ihr Business gestartet, um dem Burnout zu entkommen – und landete wieder dort. Eines Nachts erkannte sie: Sie hatte Tools, aber kein System.

Am nächsten Morgen schrieb sie eine einzige Frage auf: „Was mache ich, das KI für mich übernehmen könnte?" Die Liste war lang. Also strukturierte sie ihr Business neu. ChatGPT wurde ihr Texter. Canva ihr Design-Team. Make.com ihr Koordinator. MailerLite ihr CRM-Manager. Systeme.io ihr Funnel-Baumeister. Sie begann, Inhalte monatlich im Voraus zu produzieren, Social-Media-Posts zu planen und Support durch einen trainierten Bot beantworten zu lassen.

Drei Wochen später hatte sie zum ersten Mal seit Monaten einen freien Nachmittag. Sie machte ein Nickerchen – während Verkäufe eingingen, E-Mails versendet wurden und Support-Anfragen automatisch beantwortet wurden. Ihr Einkommen sank nicht – es stieg. Nicht weil sie mehr arbeitete, sondern weil sie intelligenter organisierte.

Burnout entsteht nicht nur durch zu viel Arbeit, sondern durch unnötige Arbeit ohne System. Alyssa hörte auf, alles selbst zu machen, und begann, ihre KI-Tools wie ein echtes Team zu führen. Heute öffnet sie ihren Laptop nicht mehr mit Druck – sondern mit Klarheit. Sie arbeitet nicht härter. Sie arbeitet smarter.

Kapitel 10: Die langfristige Vision – Systeme bauen, die Bestand haben

Es ist leicht, sich von schnellen Erfolgen mitreißen zu lassen – dem ersten Verkauf, dem ersten Monat mit 1.000 Dollar Umsatz, dem ersten viralen Video. Doch die wahre Kraft der Automatisierung liegt nicht in der Geschwindigkeit. Sie liegt in der Stabilität. Entscheidend ist nicht nur, Systeme zu bauen, die funktionieren – sondern Systeme, die weiter funktionieren, selbst wenn sich Technologie weiterentwickelt, Plattformen verändern und das Leben komplexer wird. In diesem Kapitel geht es darum, Wurzeln zu schlagen statt nur Früchte zu jagen. Es geht darum, KI nicht nur für schnelles Einkommen zu nutzen, sondern für langfristigen Wohlstand, Freiheit und innere Ruhe.

Um Systeme zu bauen, die Bestand haben, musst du anfangen, in Infrastruktur zu denken – nicht nur in Projekten. Jeder Workflow, den du entwickelst, jedes Produkt, das du veröffentlichst, und jede Community, die du aufbaust, sollte Teil einer größeren Vision sein. Eine Vision, in der dein Business zu einem lebendigen Organismus wird, der mit der Zeit intelligenter, wertvoller und skalierbarer wird. Das bedeutet: Dokumentiere deine Systeme. Erstelle Vorlagen aus erfolgreichen Launches. Archiviere deine besten E-Mails.

Speichere deine Prompts, Designs und Assets zur Wiederverwendung. Deine bisherigen Anstrengungen sollten nicht verschwinden – sie sollten sich vervielfachen.

Ein nachhaltiges KI-Einkommens-Ökosystem besteht aus fünf zentralen Säulen: Evergreen-Produkte, Evergreen-Content, automatisierte Funnels, diversifizierte Plattformen und wiederholbare Workflows. Evergreen-Produkte – wie Templates, E-Books oder Toolkits – können jahrelang verkauft werden, ohne ständig aktualisiert werden zu müssen. Evergreen-Content – wie SEO-optimierte Blogartikel, How-to-Videos oder ausführliche Tutorials – zieht kontinuierlich neue Kunden an, ohne tägliches Posten. Automatisierte Funnels verwandeln diesen Traffic in Umsatz. Diversifizierte Plattformen – etwa Gumroad, Udemy, Amazon oder YouTube – schaffen mehrere Einnahmewege, sodass du nie von nur einer Quelle abhängig bist. Und wiederholbare Workflows sorgen dafür, dass jeder Erfolg zu einer Vorlage wird – nicht zu einem einmaligen Ereignis.

Eine besonders wirkungsvolle Methode, dein System zukunftssicher zu machen, besteht darin, deine KI-Tools regelmäßig zu aktualisieren und mit deinem wachsenden Business „mittrainieren“ zu lassen. Wenn du beispielsweise fünf Produkte erstellt und 50 E-Mails geschrieben hast, kannst du all das in ein Tool wie Chatbase oder ein eigenes GPT-Modell integrieren und dir einen Chatbot aufbauen, der deine Stimme, deine Angebote und deinen idealen Kunden besser kennt als jeder externe Berater. Statt Inhalte neu zu schreiben, kannst du dich selbst über KI „abfragen". Deine Vergangenheit wird zu deiner Ressource. Dein Business wird gewissermaßen selbstlernend.

Ebenso wichtig ist die regelmäßige Überprüfung deines „Core-Stacks" – also der Tools und Plattformen, die dein System tragen. Konvertieren deine Funnels noch? Passen deine E-Mail-Automationen noch zu deinen Angeboten? Bringt dein Content weiterhin Traffic? KI kann dir helfen, diese Fragen zu beantworten – durch Datenanalyse, A/B-Test-Auswertung und Verhaltensmuster-Interpretation. Nutze deinen wöchentlichen oder monatlichen „CEO-Tag", um Kennzahlen zu prüfen, Erkenntnisse in ChatGPT einzugeben und dir gezielte Optimierungsvorschläge generieren zu lassen. Ein langfristiges System funktioniert nicht nur heute – es entwickelt sich kontinuierlich weiter.

Der Schutz deiner Systeme ist genauso wichtig wie ihr Aufbau. Sichere deine Inhalte regelmäßig. Diversifiziere die Plattformen, auf denen du deine Produkte anbietest. Erstelle Notfallpläne. Wenn Gumroad seine Bedingungen ändert –

hast du eine Alternative? Wenn Instagram deine Reichweite einschränkt – verfügst du über eine E-Mail-Liste oder einen YouTube-Kanal? Je flexibler dein System ist, desto schwerer ist es zu zerstören. Langfristige Automatisierung bedeutet Resilienz, nicht Starrheit. KI erleichtert Anpassung – aber nur, wenn dein Business beweglich konstruiert ist.

Und vielleicht der wichtigste Faktor für Langlebigkeit: deine persönliche Nachhaltigkeit. Ein Business, das Geld bringt, aber deine Zeit, Energie und Kreativität aufzehrt, ist keine langfristige Lösung. Deshalb sollte jedes automatisierte System mit deinem gewünschten Lebensstil im Einklang stehen. Möchtest du reisen? Mehr Zeit mit deiner Familie verbringen? Ohne Druck kreativ sein? Dann baue deine Struktur entsprechend. Automatisierung gibt dir die Möglichkeit, zu deinen Bedingungen zu arbeiten – aber nur, wenn du diese Bedingungen klar definierst.

Letztlich geht es beim Aufbau dauerhafter Systeme nicht um Perfektion, sondern um Progression. Einmal bauen. Regelmäßig verbessern. Kluge Entscheidungen stapeln. KI ist nicht nur ein Produktivitätstool – sie ist ein Wachstumspartner. Und mit jedem System, das du entwickelst, wächst deine Freiheit. Was du heute richtig aufbaust, kann dich jahrelang bezahlen. Das ist die Vision. Das ist der Weg. Und er gehört dir – Schritt für Schritt, automatisiert.

Die Freiheit, die bleibt

Maya saß auf einer Holzbank mit Blick auf die Amalfiküste, einen Espresso in der Hand, während ihr Smartphone leise vibrierte. Sie warf einen Blick auf das Display und lächelte. Drei neue Stripe-Benachrichtigungen. Weitere 147 Dollar verdient, während sie ohne Laptop durch enge Kopfsteinpflastergassen schlenderte. Es war die dritte Woche ihres dreimonatigen Sabbaticals. Keine Notfälle. Keine E-Mails. Nur Verkäufe, die wie ein Uhrwerk eintrafen. Es überraschte sie nicht mehr. Zwei Jahre lang hatte sie Systeme aufgebaut, die ohne sie liefen. Jetzt taten sie genau das, wofür sie konzipiert waren: Sie unterstützten sie – ohne sie zu brauchen.

Doch das war nicht immer so.

Als Maya begann, digitale Templates und KI-gestützte Schreibtools zu verkaufen, steckte sie in derselben Schleife wie viele Online-Creator: ständig launchen, aktualisieren, promoten, wiederholen. Ihr Business lebte von Dringlichkeit und Adrenalin. Und eine Zeit lang funktionierte es. Das Geld kam schnell. Aber der Druck auch. Jeder Monat fühlte sich wie ein Sprint an. Sie merkte: Wenn sie aufhörte zu rennen, würde auch das Business stehen bleiben. Das war keine Freiheit. Das war selbstständige Dauerbelastung.

Alles änderte sich nach einem Gespräch mit einem anderen Creator bei einem Event. Er stellte ihr eine Frage, die sie nicht mehr losließ:
„Was wäre, wenn dein bester Content weiter für dich arbeitet – selbst wenn du es nicht tust?“

Dieser Gedanke traf sie tief. Was, wenn sie einmal aufbauen und dann loslassen könnte?

Zurück zu Hause analysierte sie alles, was sie je erstellt hatte – Produkte, Blogartikel, Videos, E-Mails, sogar ihre Prompts. Sie strukturierte alles neu in Notion und ordnete es drei Bereichen zu: Evergreen-Angebote, Evergreen-Funnels und Evergreen-Content. Ihre besten Produktbeschreibungen, Testimonials und E-Mail-Sequenzen speiste sie in Chatbase ein und trainierte damit ihren eigenen KI-Assistenten. Wenn sie nun eine neue E-Mail schreiben musste, musste sie nicht nachdenken. Ihr persönlicher Chatbot wusste, was in der Vergangenheit funktioniert hatte – und generierte Inhalte in exakt ihrer Tonalität. Es war, als würde sie mit einer optimierten Version ihrer selbst arbeiten.

Anschließend verschlankte sie ihren Tech-Stack. Systeme.io für Funnels und E-Mails. Gumroad und Payhip zur Diversifizierung der Verkaufswege. Pictory und Canva zur Wiederverwertung von Content für YouTube, Pinterest und Instagram. Alles war miteinander verbunden. Wer ihr kostenloses KI-Workbook herunterlud, landete automatisch in einer Sequenz mit ihren drei besten Angeboten – für 17, 47 und 97 Dollar. Käufer wurden getaggt und in passende Nurture-Sequenzen verschoben. Nicht-Käufer erhielten automatisch alternative Angebote oder Affiliate-Empfehlungen. Jeder Schritt hatte einen Zweck. Jede Nachricht führte weiter.

Was sie am meisten erstaunte, war nicht das Einkommen – sondern die Leichtigkeit. Ihre wöchentlichen Aufgaben schrumpften von 30 auf 3. Sie hatte Zeit zu denken. Zu ruhen. Aus Freude zu schreiben statt aus Pflicht. Selbst wenn sich ein Algorithmus änderte oder ein Produkt weniger konvertierte, hatte sie Backups, Bundles und alternative Wege. Ihre Systeme waren stark. Flexibel. Belastbar. Und sie musste nichts mehr micromanagen.

Während sie ihren Espresso trank und auf das Meer blickte, spürte sie tiefe Ruhe. Nicht nur wegen des Ortes – sondern wegen dessen, was sie aufgebaut hatte. Ihr Business war kein

Hustle mehr. Es war eine Wertmaschine – eine, die ihr Leben unterstützte, statt es zu dominieren.

Sie warf noch einen letzten Blick auf ihr Dashboard, bevor sie das Handy weglegte. Die Zahlen waren stabil. Die Systeme liefen. Und ihre nächste Produktidee? Die konnte warten. Sie hatte Zeit.

Weil sie die echte Arbeit getan hatte – die Arbeit, die bleibt.

Kapitel 11: Was jetzt passiert

Inzwischen hast du gesehen, was möglich ist. Du hast gelernt, wie man Einkommensquellen identifiziert, die sich automatisieren lassen. Du hast die Tools kennengelernt, mit denen du nahezu ohne manuellen Aufwand erstellen, launchen und vermarkten kannst. Du hast verstanden, wie KI schreiben, designen, ausliefern, verkaufen, supporten und dein Business skalieren kann. Und du hast Geschichten von Menschen erlebt – genau wie du – die ihr Leben verändert haben, indem sie eine Entscheidung trafen: Systeme zu bauen, statt sich endlos im Hustle zu verlieren.

Also stellt sich ganz natürlich die Frage: Was passiert jetzt?

Die Wahrheit ist: Nichts passiert – außer du sorgst dafür. Wissen ist keine Macht. Umsetzung ist es. Dieses Buch ist nicht als passives Leseerlebnis gedacht. Es ist eine Roadmap. Jedes Kapitel ist eine Checkliste. Jedes Beispiel ein Ausgangspunkt. Und jedes Tool wartet bereits darauf, von dir genutzt zu werden. Die Chance liegt direkt vor dir – nicht in sechs Monaten, nicht nachdem du noch zehn weitere Tutorials geschaut hast, nicht nachdem du „alles perfekt verstanden“ hast. Sondern jetzt. Mit dem, was du bereits weißt. Mit dem, was du jetzt in der Hand hältst, kannst du etwas Reales aufbauen. Etwas Profitables. Etwas, das dir Zeit schenkt, statt sie dir zu nehmen.

Der nächste Schritt ist simpel: Wähle eine Idee – nur eine. Entscheide dich für ein einfaches digitales Produkt: einen Planer, ein E-Book, eine Checkliste, ein Template oder einen kleinen Kurs. Nutze ChatGPT zur Planung. Canva für das Design. Gumroad oder Systeme.io für Hosting und Verkauf. Make.com zur Automatisierung des Ablaufs. Denk nicht zu viel nach. Zweifle nicht endlos. Baue ein MVP – ein „Minimum Viable Product". Veröffentliche es. Optimiere später. Du kannst innerhalb weniger Tage Einnahmen erzielen – nicht erst in Monaten – wenn du Geschwindigkeit zu deinem Verbündeten machst und Perfektion hinten anstellst.

Sobald dein erstes Produkt live ist, beginne wie ein System-Architekt zu denken. Frag dich:
Wie generiere ich Traffic, ohne permanent am Handy zu hängen?
Wie baue ich einen Funnel, der für mich Vertrauen aufbaut?
Wie nutze ich KI, um Social Posts, Videos, Blogartikel und E-Mails zu erstellen, ohne auszubrennen?

Mach nicht mehr. Systematisiere mehr. Und sobald die erste Einkommensquelle funktioniert, dupliziere sie. Passe sie an. Multipliziere sie. Bevor du es merkst, hast du nicht nur ein

Produkt – sondern ein Portfolio. Und du wirst erkennen: Du brauchst kein Team. Du brauchst Werkzeuge mit klarer Funktion.

Erinnere dich in jeder Phase daran: KI ist dein Business-Partner. Dein stiller Mitgründer. Dein loyalster Assistent. Sie wird nicht krank. Sie wird nicht überfordert. Sie urteilt nicht. Aber sie führt auch nicht. Das tust du. Sie baut nicht deine Vision – aber sie hilft dir, sie schneller, klüger und mit deutlich weniger Reibung umzusetzen. Deine Aufgabe ist es, fokussiert zu bleiben. Stratege zu sein. Architekt. CEO. Lass die Bots die Wiederholung übernehmen – damit du die Richtung bestimmst.

Und vergiss nicht, regelmäßig herauszuzoomen. Dich daran zu erinnern, warum du das überhaupt machst. Für manche geht es darum, einen Job zu verlassen. Für andere darum, mehr Zeit mit der Familie zu verbringen, zu reisen oder die Kontrolle über die eigene Zeit zurückzugewinnen. Was auch immer dein „Warum" ist – Automatisierung ist kein Trick. Es ist eine Philosophie. Einmal bauen – immer wieder verdienen. Es ist die Entscheidung, sich nicht an einen Schreibtisch ketten zu lassen, wenn Technologie heute Freiheit in einem Ausmaß ermöglicht, das frühere Generationen nie hatten.

Und zuletzt: Verstehe, dass du früh dran bist. Die KI-Welle hat gerade erst begonnen. Die Creator und Unternehmer, die jetzt handeln – die jetzt Systeme bauen – werden am meisten profitieren, wenn sich diese Tools weiterentwickeln. Das Fenster steht weit offen. Die Frage ist nicht, ob KI dein Einkommen ersetzen kann. Die Frage ist: Wirst du sie nutzen, um etwas aufzubauen, das Bestand hat?

Also geh zurück zu Kapitel 1. Oder spring direkt zu Kapitel 3 und beginne mit deinem ersten Funnel. Hör dir die Geschichte noch einmal an, die dich am meisten inspiriert hat. Und wenn du bereit bist zu handeln, fang klein an. Bleib konsequent.

Und denk daran – jedes große, automatisierte, skalierbare digitale Business begann genau so:

Mit einer Entscheidung.
Mit einem Produkt.
Mit einem System.
Und mit einer ganz normalen Person, die sich entschied, zu starten.

www.ingramcontent.com/pod-product-compliance
Lightning Source LLC
LaVergne TN
LVHW022027200926
848481LV00007B/2573
9798295676239